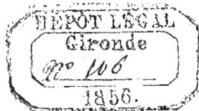

LIVRET

CONTENANT

QUARANTE FEUILLETS.

BORDEAUX,
IMPRIMERIE & LITHOGRAPHIE DE E. MONS, RUE ARNAUD-MIQUEU, 3.

ARRÊTÉ

SUR LA POLICE DES MAISONS GARNIES.

DU 24 DÉCEMBRE 1855.

Nous, Préfet de la Gironde, Commandeur de l'Ordre Impérial de la Légion d'Honneur, etc.,

Vu l'arrêté de M. le Maire de Bordeaux, du 20 Octobre 1853, sur la police des hôtels, auberges et maisons garnies ;

Vu la loi du 22 Juillet 1791, l'arrêté du Gouvernement du 12 Messidor an VIII, et l'article 50 de la loi du 5 Mai 1855 ;

Vu la loi du 13 Avril 1850, sur l'assainissement des logements insalubres ;

Vu les articles 73, 154, 471 et 475 du Code pénal ;

Considérant que l'article 8 de l'arrêté sus-visé impose aux hôteliers, aubergistes et autres personnes logeant en garni l'obligation de présenter leurs registres à la Mairie lors de l'entrée ou de la sortie de toute personne logée par eux ;

Que les vérifications effectuées, par suite de cette disposition, dans les bureaux de la Mairie, rentrent plus régulièrement dans les attributions des Commissaires de police ;

Qu'il y a lieu dès-lors d'en charger ces derniers ;

Considérant qu'une expérience de deux années a consacré l'utilité et l'efficacité des autres dispositions de l'arrêté du 20 Octobre 1853 ; mais qu'il convient d'y introduire, en les maintenant en vigueur, les modifications résultant de l'application de l'article 50 de la loi du 5 Mai 1855 aux services de la police de la ville de Bordeaux,

ARRÊTONS :

TITRE PREMIER.

Des aubergistes, maîtres d'hôtels, logeurs et loueurs en garni, et de leurs obligations.

ARTICLE PREMIER.

Toutes personnes qui veulent exercer à Bordeaux la profession de maîtres d'hôtels garnis, aubergistes, logeurs ; toutes celles qui veulent louer *habituellement* en garni, à titre onéreux, tout ou partie d'une maison, pour quelque prix et quelque durée que ce soit, doivent en faire préalablement la déclaration à la Préfecture, Division de la Police de Bordeaux.

Cette déclaration sera renouvelée toutes les fois qu'elles changeront de domicile.

ARTICLE 2.

Les déclarations prescrites par l'article précédent énonceront :

1°. Les nom et prénoms du maître d'hôtel, aubergiste ou logeur ;
2°. Le nom de la rue et le numéro de la maison où il voudra s'établir ;
3°. Le nombre de chambres, cabinets, etc., mis en location ;
4°. La situation de ces pièces.

Si la maison a plusieurs issues, le déclarant sera tenu de l'indiquer.

ARTICLE 3.

Les maisons ou parties de maisons destinées à être louées en garni seront soumises, immédiatement après la déclaration, à l'inspection de la Commission d'examen des logements publics, instituée en exécution de la loi du 13 Avril 1850, à l'effet de constater si les pièces à louer ne se trouvent pas dans des conditions susceptibles de nuire à la santé des personnes qui devront les occuper.

ARTICLE 4.

S'il résulte de cet examen que les locaux sont exempts de causes d'insalubrité, acte en sera donné au déclarant, et l'établissement pourra immédiatement être ouvert. Dans le cas contraire, l'occupation par voie de location comme hôtel garni en sera interdite, soit définitivement, soit jusqu'après l'application des moyens d'assainissement qui auraient été reconnus suffisants et praticables.

ARTICLE 5.

Tout maître d'hôtel garni, aubergiste, logeur ou loueur en garni, devra placer à l'extérieur de sa maison, et y conserver constamment, un tableau indiquant son industrie.

Les lettres de ce tableau ne devront pas avoir moins de huit centimètres de hauteur. Elles seront de couleur foncée sur un fond clair.

ARTICLE 6.

Les hôteliers, aubergistes et autres personnes louant en garni, qui voudront indiquer leur établissement par une enseigne ou une dénomination particulière, en déposeront préalablement la description ou l'indication à la Préfecture, Division de la Police de Bordeaux. Elles seront tenues d'y apporter les modifications qui seraient jugées nécessaires dans l'intérêt de la morale, du bon ordre ou des convenances.

ARTICLE 7.

Conformément aux dispositions de la loi du 22 Juillet 1791 et de l'article 475 du Code pénal, les aubergistes, maîtres d'hôtels garnis, logeurs et loueurs en garni, sont tenus d'avoir un registre coté et paraphé par le Commissaire de police, sur lequel ils inscriront de suite, *jour par jour, sans aucun blanc ni interligne,* les nom, prénoms, âge, profession, lieu de naissance, domicile habituel, date d'entrée et de sortie de toute personne qui aura couché ou passé chez eux, même une seule nuit.

Ils mentionneront en outre sur ce registre si les personnes logées par eux sont nanties ou non de passe-ports ou autres papiers de sûreté, et quelles sont les autorités qui les auront délivrés.

ARTICLE 8.

Dans les vingt-quatre heures qui suivront l'entrée de l'étranger dans la maison ou sa sortie, ils présenteront leur registre au Commissariat de police de l'arrondissement, pour y faire viser l'inscription ou la mention de la sortie. Lors de l'entrée, ils présenteront, avec le registre, les passe-ports ou autres papiers de sûreté de la personne logée chez eux.

Le Commissaire de police délivrera immédiatement aux logeurs un récépissé des papiers déposés. Il rendra, après les avoir visés, les permis de séjour qui lui auront été présentés, ainsi que les passe-ports qui seront réclamés pour cause de départ immédiat.

Chaque jour, le Commissaire de police fera parvenir à la Préfecture, avec les passe-ports et autres papiers qu'il aura retenus, des bulletins énonçant les détails nécessaires pour opérer la transcription de tous les mouvements d'entrée et de sortie qui auront été déclarés dans la journée au Commissariat.

ARTICLE 9.

Les hôteliers, aubergistes, logeurs et loueurs en garni seront tenus de faire viser leur registre, à la fin de chaque mois, par le Commissaire de police de l'arrondissement, et de le représenter à toute réquisition, soit des Commissaires de police, des inspecteurs de police et des préposés de l'administration, soit de la gendarmerie.

ARTICLE 10.

Dans le cas où un individu reçu dans une auberge, un hôtel ou un garni refuserait d'exhiber ses papiers ou de se conformer à quelqu'une des obligations spécifiées dans le titre II du présent arrêté, l'aubergiste, hôtelier ou logeur sera tenu d'en faire immédiatement la déclaration au Commissaire de police de l'arrondissement.

ARTICLE 11.

Il est rappelé aux aubergistes, maîtres d'hôtels, logeurs et loueurs en garni, qu'aux termes de l'article 73 du Code pénal, ils sont civilement responsables des restitutions, des indemnités et des frais adjugés à ceux à qui un dommage aurait été causé par un crime ou un délit commis par des personnes logées chez eux plus de vingt-quatre heures sans inscription du nom, de la profession et du domicile, sans préjudice de la responsabilité qu'ils auraient encourue dans les cas prévus par les articles 1952 et 1953 du Code Napoléon.

ARTICLE 12.

Il leur est également rappelé qu'il leur est défendu d'inscrire sciemment, sous des noms faux ou supposés, les personnes logées chez eux, sous les peines portées par l'article 154 du Code pénal.

ARTICLE 13.

Il leur est défendu de retenir, sous quelque prétexte que ce soit, les papiers de sûreté des personnes logées chez eux, et notamment les livrets d'ouvriers.

ARTICLE 14.

Il leur est interdit de recevoir des filles publiques ou de faciliter aucun acte d'immoralité, sous peine de voir leurs maisons classées comme lieux de débauche et soumises au régime particulier à ces sortes d'établissements.

Article 15.

Lorsqu'une personne louant en garni voudra cesser d'exercer cette profession, elle sera tenue d'en faire la déclaration à la Préfecture, Division de la Police de Bordeaux, dans le délai de quinze jours, et d'y déposer l'acte de déclaration qui lui aura été délivré à son entrée en exercice, conformément aux articles 1, 2, 3 et 4 du présent arrêté.

TITRE II.

Des obligations imposées aux personnes logées en garni.

Article 16.

Toute personne étrangère à Bordeaux sera tenue, à son arrivée dans cette ville, de remettre sans délai à l'hôtelier, aubergiste, logeur ou loueur en garni qui l'aura reçue, les papiers de sûreté dont elle sera porteur, afin que celui-ci puisse remplir les obligations qui lui sont imposées par les articles 7 et 8 du présent arrêté.

Si le voyageur ou étranger n'est muni d'aucun papier, il devra donner à l'hôtelier, aubergiste ou logeur toutes les indications nécessaires pour établir régulièrement son inscription, et, dans le délai de vingt-quatre heures, se présenter, assisté de deux témoins domiciliés, chez le Commissaire de police de l'arrondissement, pour y faire constater son identité. Sur ces attestations, le Commissaire de police délivrera un certificat d'identité qui sera adressé à la Préfecture avec les autres titres mentionnés en l'article 8 du présent arrêté, et en échange duquel le voyageur pourra obtenir un titre régulier et définitif.

Article 17.

Dans les six jours qui suivront le dépôt à la Préfecture des papiers ci-dessus mentionnés, les titulaires seront tenus de les faire viser s'ils doivent quitter la ville; et, s'ils doivent y prolonger leur séjour, de se munir d'un permis de séjour qui leur sera délivré, sans frais, à la Préfecture, Division de la Police de Bordeaux.

Article 18.

Le permis de séjour servira à constater l'individualité du porteur et le dépôt de ses papiers à la Préfecture. Il lui en tiendra lieu pendant toute la durée de son séjour à Bordeaux.

En cas de changement de logement, le permis de séjour suffira pour établir l'inscription chez le nouvel hôtelier, aubergiste ou logeur, et devra seulement être présenté au Commissariat de la nouvelle résidence, pour y être visé.

Lors du départ, le permis de séjour sera représenté pour retirer le passeport ou les autres papiers déposés en conformité de l'article 16. Il aidera, au besoin, à en obtenir le renouvellement, ainsi que la délivrance de toutes les autres pièces qui pourraient être utiles.

ARTICLE 19.

Tout individu étranger à Bordeaux qui ne serait pas muni de papiers de sûreté à son arrivée dans cette ville, ou du permis de séjour après le délai de six jours fixé par l'article 17 du présent règlement, pourra être arrêté et retenu jusqu'à justifications suffisantes.

ARTICLE 20.

En cas de perte du permis de séjour, le titulaire pourra en obtenir un duplicata à la Préfecture, en justifiant de la perte du permis primitif.

TITRE III.

Des personnes qui donnent à loger en garni fortuitement, à titre onéreux.

ARTICLE 21.

Tous les habitants de Bordeaux qui donneront à loger en garni fortuitement, à titre onéreux, dans leurs maisons, seront tenus de faire au Commissariat de police de leur arrondissement, dans le délai de vingt-quatre heures, la déclaration des personnes qu'ils auront reçues.

A cet effet, ils présenteront les papiers de sûreté de ces personnes, qui resteront tenues de les faire viser si elles doivent quitter la ville, ou de se munir d'un permis de séjour si elles doivent y séjourner plus de six jours, ainsi qu'il est prescrit par l'article 17 du présent arrêté.

Le Commissaire de police transmettra ces papiers à la Préfecture, et accompagnera cet envoi du bulletin prescrit par l'article 8 du présent arrêté.

ARTICLE 22.

Il sera délivré sans frais par le Commissaire de police, aux habitants qui feront la déclaration prescrite par l'article précédent, un bulletin constatant l'accomplissement de cette obligation.

Lorsque les personnes qu'ils auront logées quitteront la ville ou changeront de logement, ils rapporteront au Bureau du Commissaire de police de l'arrondissement, dans un délai qui ne pourra excéder trois jours, le bulletin de déclaration qui leur aura été délivré. Ce bulletin sera transmis à la Préfecture.

ARTICLE 23.

Les maîtres, les ouvriers ou toutes autres personnes qui recevront chez eux des journaliers, ouvriers, apprentis ou tous autres, sont soumis aux obligations prescrites par le présent titre.

TITRE IV.

DISPOSITIONS GÉNÉRALES.

ARTICLE 24.

Toute contravention aux dispositions du présent arrêté, tant de la part des hôteliers, aubergistes, logeurs ou loueurs en garni, que de celle des habitants mentionnés dans le titre III, ou des personnes logées chez eux à quelque titre que ce soit, sera constatée et poursuivie devant les Tribunaux compétents, conformément aux lois.

ARTICLE 25.

Sont abrogés les arrêtés de M. le Maire de Bordeaux, du 25 Mars 1818 et du 20 Octobre 1853, sur la police des hôtels et maisons garnies.

ARTICLE 26.

Le présent arrêté sera publié et affiché.

Le Commissaire central et les Commissaires de police sont chargés d'en assurer l'exécution, chacun en ce qui le concerne.

Fait en l'Hôtel de la Préfecture, le 24 Décembre 1854.

Le Préfet de la Gironde,

E. DE MENTQUE.

NOMS et SURNOMS.	PRÉNOMS.	LIEU de NAISSANCE.	AGE.	PROFESSION.

LIEU DE RÉSIDENCE habituelle.	DATES		NATURE des PAPIERS DE SURETÉ.	VISA du COMMISSAIRE.
	D'ENTRÉE.	DE SORTIE.		

NOMS et SURNOMS.	PRÉNOMS.	LIEU de NAISSANCE.	AGE.	PROFESSION.

LIEU DE RÉSIDENCE habituelle.	DATES		NATURE des PAPIERS DE SURETÉ.	VISA du COMMISSAIRE.
	D'ENTRÉE.	DE SORTIE.		

NOMS et SURNOMS.	PRÉNOMS.	LIEU de NAISSANCE.	AGE.	PROFESSION.

LIEU DE RÉSIDENCE habituelle.	DATES		NATURE des PAPIERS DE SURETÉ.	VISA du COMMISSAIRE.
	D'ENTRÉE.	DE SORTIE.		

NOMS et SURNOMS.	PRÉNOMS.	LIEU de NAISSANCE.	AGE.	PROFESSION.

LIEU DE RÉSIDENCE habituelle.	DATES		NATURE des PAPIERS DE SURETÉ.	VISA du COMMISSAIRE.
	D'ENTRÉE.	DE SORTIE.		

NOMS et SURNOMS.	PRÉNOMS.	LIEU de NAISSANCE.	AGE.	PROFESSION.

LIEU DE RÉSIDENCE habituelle.	DATES		NATURE des PAPIERS DE SURETÉ.	VISA du COMMISSAIRE.
	D'ENTRÉE.	DE SORTIE.		

NOMS et SURNOMS.	PRÉNOMS.	LIEU de NAISSANCE.	AGE.	PROFESSION.

LIEU DE RÉSIDENCE habituelle.	DATES		NATURE des PAPIERS DE SURETÉ.	VISA du COMMISSAIRE.
	D'ENTRÉE.	DE SORTIE.		

NOMS et SURNOMS.	PRÉNOMS.	LIEU de NAISSANCE.	AGE.	PROFESSION.

LIEU	DATES		NATURE	VISA
DE RÉSIDENCE habituelle.	D'ENTRÉE.	DE SORTIE.	des PAPIERS DE SURETÉ.	du COMMISSAIRE.

NOMS et SURNOMS.	PRÉNOMS.	LIEU de NAISSANCE.	AGE.	PROFESSION.

LIEU DE RÉSIDENCE habituelle.	DATES		NATURE des PAPIERS DE SURETÉ.	VISA du COMMISSAIRE.
	D'ENTRÉE.	DE SORTIE.		

NOMS et SURNOMS.	PRÉNOMS.	LIEU de NAISSANCE.	AGE.	PROFESSION.

LIEU DE RÉSIDENCE habituelle.	DATES		NATURE des PAPIERS DE SÛRETÉ.	VISA du COMMISSAIRE.
	D'ENTRÉE.	DE SORTIE.		

NOMS et SURNOMS.	PRÉNOMS.	LIEU de NAISSANCE.	AGE.	PROFESSION.

LIEU DE RÉSIDENCE habituelle.	DATES		NATURE des PAPIERS DE SURETÉ.	VISA du COMMISSAIRE.
	D'ENTRÉE.	DE SORTIE.		

NOMS et SURNOMS.	PRÉNOMS.	LIEU de NAISSANCE.	AGE.	PROFESSION.

LIEU DE RÉSIDENCE habituelle.	DATES		NATURE des PAPIERS DE SURETÉ.	VISA du COMMISSAIRE.
	D'ENTRÉE.	DE SORTIE.		

NOMS et SURNOMS.	PRÉNOMS.	LIEU de NAISSANCE.	AGE.	PROFESSION.

LIEU DE RÉSIDENCE habituelle.	DATES		NATURE des PAPIERS DE SURETÉ.	VISA du COMMISSAIRE.
	D'ENTRÉE.	DE SORTIE.		

NOMS et SURNOMS.	PRÉNOMS.	LIEU de NAISSANCE.	AGE.	PROFESSION.

LIEU DE RÉSIDENCE habituelle.	DATES		NATURE des PAPIERS DE SURETÉ.	VISA du COMMISSAIRE.
	D'ENTRÉE.	DE SORTIE.		

NOMS et SURNOMS.	PRÉNOMS.	LIEU de NAISSANCE.	AGE.	PROFESSION.

LIEU DE RÉSIDENCE habituelle.	DATES		NATURE des PAPIERS DE SURETÉ.	VISA du COMMISSAIRE.
	D'ENTRÉE.	DE SORTIE.		

NOMS et SURNOMS.	PRÉNOMS.	LIEU de NAISSANCE.	AGE.	PROFESSION.

LIEU DE RÉSIDENCE habituelle.	DATES		NATURE des PAPIERS DE SURETÉ.	VISA du COMMISSAIRE.
	D'ENTRÉE.	DE SORTIE.		

NOMS et SURNOMS.	PRÉNOMS.	LIEU de NAISSANCE.	AGE.	PROFESSION.

LIEU DE RÉSIDENCE habituelle.	DATES		NATURE des PAPIERS DE SURETÉ.	VISA du COMMISSAIRE.
	D'ENTRÉE.	DE SORTIE.		

NOMS et SURNOMS.	PRÉNOMS.	LIEU de NAISSANCE.	AGE.	PROFESSION.

| LIEU | DATES | | NATURE | VISA |
| DE RÉSIDENCE | | | des | du |
habituelle.	D'ENTRÉE.	DE SORTIE.	PAPIERS DE SURETÉ.	COMMISSAIRE.

NOMS et SURNOMS.	PRÉNOMS.	LIEU de NAISSANCE.	AGE.	PROFESSION.

LIEU DE RÉSIDENCE habituelle.	DATES		NATURE des PAPIERS DE SURETÉ.	VISA du COMMISSAIRE.
	D'ENTRÉE.	DE SORTIE.		

NOMS et SURNOMS.	PRÉNOMS.	LIEU de NAISSANCE.	AGE.	PROFESSION.

LIEU DE RÉSIDENCE habituelle.	DATES		NATURE des PAPIERS DE SURETÉ.	VISA du COMMISSAIRE.
	D'ENTRÉE.	DE SORTIE.		

NOMS et SURNOMS.	PRÉNOMS.	LIEU de NAISSANCE.	AGE.	PROFESSION.

LIEU DE RÉSIDENCE habituelle.	DATES		NATURE des PAPIERS DE SURETÉ.	VISA du COMMISSAIRE.
	D'ENTRÉE.	DE SORTIE.		

NOMS et SURNOMS.	PRÉNOMS.	LIEU de NAISSANCE.	AGE.	PROFESSION.

LIEU	DATES		NATURE	VISA
DE RÉSIDENCE			des	du
habituelle.	D'ENTRÉE.	DE SORTIE.	PAPIERS DE SURETÉ.	COMMISSAIRE.

NOMS et SURNOMS.	PRÉNOMS.	LIEU de NAISSANCE.	AGE.	PROFESSION.

LIEU DE RÉSIDENCE habituelle.	DATES		NATURE des PAPIERS DE SURETÉ.	VISA du COMMISSAIRE.
	D'ENTRÉE.	DE SORTIE.		

NOMS et SURNOMS.	PRÉNOMS.	LIEU de NAISSANCE.	AGE.	PROFESSION.

LIEU DE RÉSIDENCE habituelle.	DATES		NATURE des PAPIERS DE SURETÉ.	VISA du COMMISSAIRE.
	D'ENTRÉE.	DE SORTIE.		

NOMS et SURNOMS.	PRÉNOMS.	LIEU de NAISSANCE.	AGE.	PROFESSION.

LIEU DE RÉSIDENCE habituelle.	DATES		NATURE des PAPIERS DE SURETÉ.	VISA du COMMISSAIRE.
	D'ENTRÉE.	DE SORTIE.		

NOMS et SURNOMS.	PRÉNOMS.	LIEU de NAISSANCE.	AGE.	PROFESSION.

LIEU DE RÉSIDENCE habituelle.	DATES		NATURE des PAPIERS DE SURETÉ.	VISA du COMMISSAIRE.
	D'ENTRÉE.	DE SORTIE.		

NOMS et SURNOMS.	PRÉNOMS.	LIEU de NAISSANCE.	AGE.	PROFESSION.

LIEU DE RÉSIDENCE habituelle.	DATES		NATURE des PAPIERS DE SURETÉ.	VISA du COMMISSAIRE.
	D'ENTRÉE.	DE SORTIE.		

NOMS et SURNOMS.	PRÉNOMS.	LIEU de NAISSANCE.	AGE.	PROFESSION.

LIEU DE RÉSIDENCE habituelle.	DATES		NATURE des PAPIERS DE SURETÉ.	VISA du COMMISSAIRE.
	D'ENTRÉE.	DE SORTIE.		

NOMS et SURNOMS.	PRÉNOMS.	LIEU de NAISSANCE.	AGE.	PROFESSION.

LIEU DE RÉSIDENCE habituelle.	DATES		NATURE des PAPIERS DE SURETÉ.	VISA du COMMISSAIRE.
	D'ENTRÉE.	DE SORTIE.		

NOMS et SURNOMS.	PRÉNOMS.	LIEU de NAISSANCE.	AGE.	PROFESSION.

LIEU DE RÉSIDENCE habituelle.	DATES		NATURE des PAPIERS DE SÛRETÉ.	VISA du COMMISSAIRE.
	D'ENTRÉE.	DE SORTIE.		

NOMS et SURNOMS.	PRÉNOMS.	LIEU de NAISSANCE.	AGE.	PROFESSION.

LIEU DE RÉSIDENCE habituelle.	DATES		NATURE des PAPIERS DE SURETÉ.	VISA du COMMISSAIRE.
	D'ENTRÉE.	DE SORTIE.		

NOMS et SURNOMS.	PRÉNOMS.	LIEU de NAISSANCE.	AGE.	PROFESSION.

LIEU DE RÉSIDENCE habituelle.	DATES		NATURE des PAPIERS DE SURETÉ.	VISA du COMMISSAIRE.
	D'ENTRÉE.	DE SORTIE.		

NOMS et SURNOMS.	PRÉNOMS.	LIEU de NAISSANCE.	AGE.	PROFESSION.

LIEU DE RÉSIDENCE habituelle.	DATES		NATURE des PAPIERS DE SURETÉ.	VISA du COMMISSAIRE.
	D'ENTRÉE.	DE SORTIE.		

NOMS et SURNOMS.	PRÉNOMS.	LIEU de NAISSANCE.	AGE.	PROFESSION.

LIEU DE RÉSIDENCE habituelle.	DATES		NATURE des PAPIERS DE SURETÉ.	VISA du COMMISSAIRE.
	D'ENTRÉE.	DE SORTIE.		

NOMS et SURNOMS.	PRÉNOMS.	LIEU de NAISSANCE.	AGE.	PROFESSION.

LIEU	DATES		NATURE	VISA
DE RÉSIDENCE			des	du
habituelle.	D'ENTRÉE.	DE SORTIE.	PAPIERS DE SURETÉ.	COMMISSAIRE.

NOMS et SURNOMS.	PRÉNOMS.	LIEU de NAISSANCE.	AGE.	PROFESSION.

LIEU DE RÉSIDENCE habituelle.	DATES		NATURE des PAPIERS DE SURETÉ.	VISA du COMMISSAIRE.
	D'ENTRÉE.	DE SORTIE.		

NOMS et SURNOMS.	PRÉNOMS.	LIEU de NAISSANCE.	AGE.	PROFESSION.

LIEU DE RÉSIDENCE habituelle.	DATES		NATURE des PAPIERS DE SURETÉ.	VISA du COMMISSAIRE.
	D'ENTRÉE.	DE SORTIE.		

NOMS et SURNOMS.	PRÉNOMS.	LIEU de NAISSANCE.	AGE.	PROFESSION.

LIEU DE RÉSIDENCE habituelle.	DATES		NATURE des PAPIERS DE SÛRETÉ.	VISA du COMMISSAIRE.
	D'ENTRÉE.	DE SORTIE.		

NOMS et SURNOMS.	PRÉNOMS.	LIEU de NAISSANCE.	AGE.	PROFESSION.

LIEU DE RÉSIDENCE habituelle.	DATES		NATURE des PAPIERS DE SURETÉ.	VISA du COMMISSAIRE.
	D'ENTRÉE.	DE SORTIE.		

NOMS et SURNOMS.	PRÉNOMS.	LIEU de NAISSANCE.	AGE.	PROFESSION.

LIEU DE RÉSIDENCE habituelle.	DATES		NATURE des PAPIERS DE SURETÉ.	VISA du COMMISSAIRE.
	D'ENTRÉE.	DE SORTIE.		

NOMS et SURNOMS.	PRÉNOMS.	LIEU de NAISSANCE.	AGE.	PROFESSION.

LIEU DE RÉSIDENCE habituelle.	DATES		NATURE des PAPIERS DE SURETÉ.	VISA du COMMISSAIRE.
	D'ENTRÉE.	DE SORTIE.		

NOMS et SURNOMS.	PRÉNOMS.	LIEU de NAISSANCE.	AGE.	PROFESSION.

www.ingramcontent.com/pod-product-compliance
Lightning Source LLC
Chambersburg PA
CBHW030927220326
41521CB00039B/987